yukismart.com/b/6a049e

cat

猫
máo

dog

狗
gǒu

fish

鱼

yú

bird

鸟

niǎo

hen

母鸡

mǔ jī

rooster

公鸡

gōng jī

chick

小鸡

xiǎo jī

egg

鸡蛋

jī dàn

cow
奶牛
nǎi niú

sheep
绵羊
mián yáng

pig
猪
zhū

goat
山羊
shān yáng

horse

马

mǎ

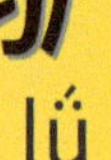

donkey

驴

lǘ

mouse

老鼠

lǎo shǔ

rabbit

兔子

tù zi

turkey

火鸡

huǒ jī

goose

鹅

é

peacock

孔雀

kǒng què

duck

鸭子

yā zi

duckling

小鸭子

xiǎo yā zi

swan

天鹅

tiān é

dragonfly

蜻蜓

qīng tíng

fly

苍蝇

cāng ying

ant

蚂蚁

mǎ yǐ

anteater

食蚁兽

shí yǐ shòu

ladybug

瓢虫

piáo chóng

earthworm

蚯蚓

qiū yǐn

slug

蛞蝓

kuò yú

caterpillar

毛虫

máo chóng

snail

蜗牛

wō niú

butterfly

蝴蝶

hú dié

grasshopper

蚱蜢

zhà měng

bee

蜜蜂

mì fēng

honey

蜂蜜

fēng mì

spider
蜘蛛
zhī zhū

grass
草
cǎo

beetle
甲虫
jiǎ chóng

mosquito
蚊子
wén zi

scorpion

蝎子

xiē zi

lizard

蜥蜴

xī yì

turtle

海龟

hǎi guī

crab

螃蟹

páng xiè

shrimp

虾

xiā

lobster

龙虾

lóng xiā

whale

鲸鱼

jīng yú

shark

鲨鱼

shā yú

stingray

魟鱼

hóng yú

dolphin

海豚
hǎi tún

sea urchin

海胆

hǎi dǎn

jellyfish

水母

shuǐ mǔ

squid

鱿鱼

yóu yú

starfish

海星

hǎi xīng

seagull

海鸥

hǎi ōu

sea

海

hǎi

pelican

鹈鹕

tí hú

cormorant

鸬鹚

lú cí

shells

贝壳
bèi ké

sand

沙子
shā zi

elephant

大象

dà xiàng

zebra

斑马

bān mǎ

giraffe

长颈鹿

cháng jǐng lù

snake

蛇

shé

crocodile

鳄鱼

è yú

lion

狮子

shī zi

tiger

老虎

lǎo hǔ

hippopotamus

河马

hé mǎ

rhinoceros

犀牛

xī niú

cheetah

猎豹

liè bào

camel

骆驼

luò tuó

antelope

羚羊

líng yáng

flamingo

火烈鸟

huǒ liè niǎo

ostrich

鸵鸟

tuó niǎo

stork

鹳

guàn

parrot

鹦鹉

yīng wǔ

gorilla

大猩猩

dà xīng xing

monkey

猴子

hóu zi

koala
考拉
kǎo lā

panda
熊猫
xióng māo

kangaroo
袋鼠
dài shǔ

hedgehog

刺猬

cì wèi

squirrel

松鼠

sōng shǔ

wolf

狼

láng

fox

狐狸

hú li

racoon

浣熊

huàn xióng

bear

熊

xióng

deer

鹿

lù

eagle

老鷹

lǎo yīng

bat

蝙蝠

biān fú

boar

野猪

yě zhū

crow

乌鸦

wū yā

owl

猫头鹰

māo tóu yīng

woodpecker

啄木鸟

zhuó mù niǎo

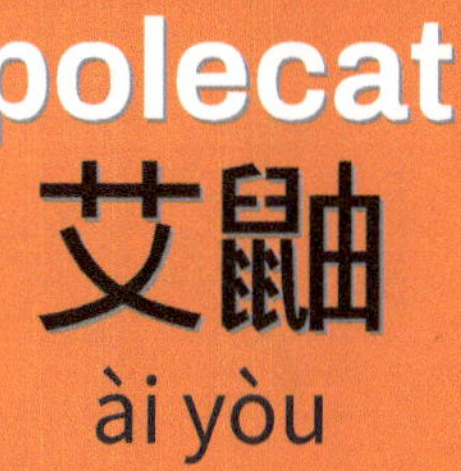

polecat

艾鼬

ài yòu

mole

鼹鼠

yǎn shǔ

beaver

河狸

hé lí

polar bear

北极熊

běi jí xióng

snow

雪

xuě

penguin

企鹅

qǐ é

snowy owl

雪鸮

xuě xiāo

forest

森林

sēn lín

mountain

山

shān

narwhal

独角鲸

dú jiǎo jīng

orca

虎鲸

hǔ jīng

walrus

海象

hǎi xiàng

seal

海豹

hǎi bào

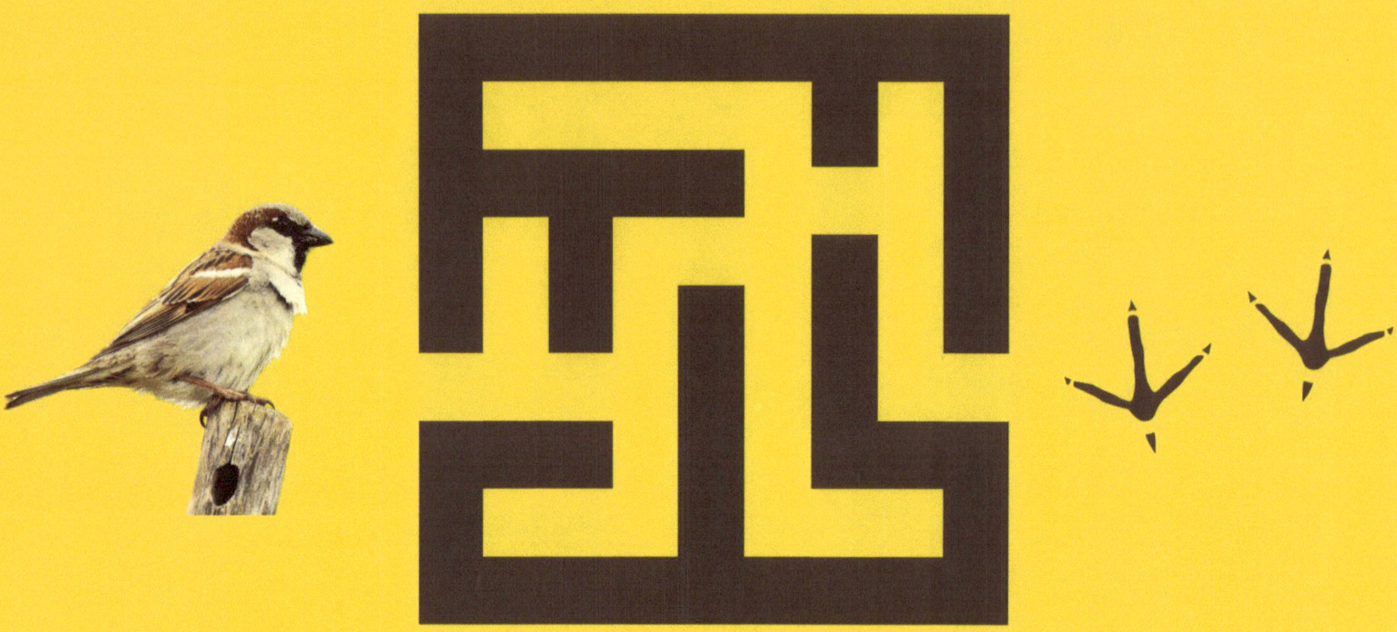